Impressum
Verlag: BABADADA GmbH, Nedderfeld 112 , 22529 Hamburg
Geschäftsführer / Verlagsleitung: Harald Hof
Druck: Books on Demand GmbH, In de Tarpen 42, 22848 Norderstedt

Imprint
Publisher: BABADADA GmbH, Nedderfeld 112 , 22529 Hamburg, Germany
Managing Director / Publishing direction: Harald Hof
Print: Books on Demand GmbH, In de Tarpen 42, 22848 Norderstedt, Germany

de School

בית ספר

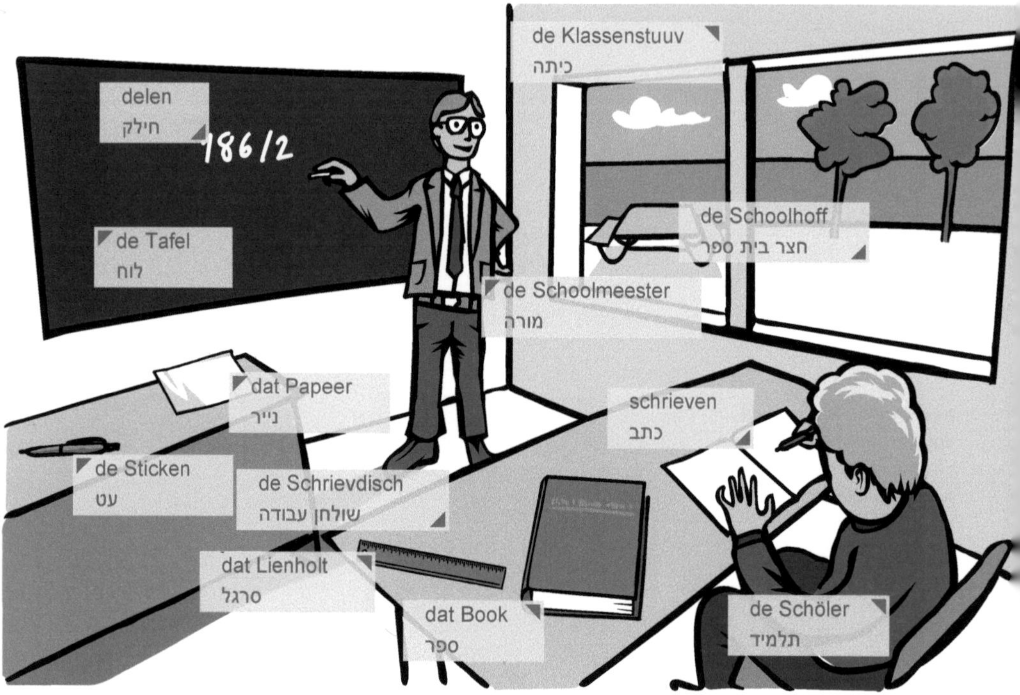
de Klassenstuuv
כיתה
delen
חילק
186/2
de Tafel
לוח
de Schoolhoff
חצר בית ספר
de Schoolmeester
מורה
dat Papeer
נייר
schrieven
כתב
de Sticken
עט
de Schrievdisch
שולחן עבודה
dat Lienholt
סרגל
dat Book
ספר
de Schöler
תלמיד

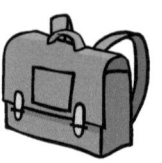

de Ranzel

ילקוט

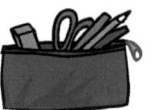

de Feddermapp

קלמר

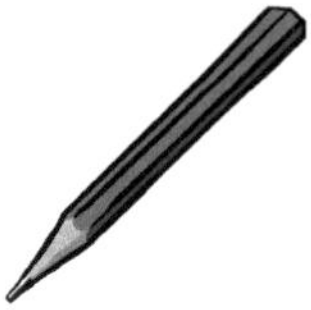

de Bleesticken

עיפרון

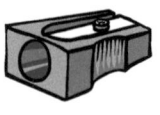

de Scharpmaker

מחדד

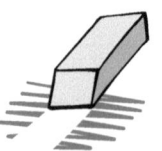

dat Radeergummi

גומי מחיקה

de Tekenblock

חוברת סרטוט

de Teken

סרטוט

de Pinsel

מברשת

de Malkassen

קופסת צבעים

de Scheer

מספריים

de Klever

דבק

dat Heft to'n Öven

ספר תרגול

de Huusopgaav

שיעור בית

de Tall

מספר

tohooptellen

חיבר

aftrecken

חיסר

malnehmen

הכפיל

reken

חישב

de Bookstaav

אות

dat ABC

אלפבית

dat Woort

מילה

de Text

טקסט

lesen

קרא

de Kried

גיר

de Stunn

שיעור

dat Klassenbook

יומן נוכחות

de Pröven

מבחן

dat Tüügnis

תעודה

de Schooluniform

תלבושת בית ספר

de Utbillen

חינוך

dat Nakieksel

אנציקלופדיה

de Universität

אוניברסיטה

dat Mikroskop

מיקרוסקופ

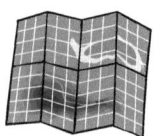

de Koort

מפה

de Papeerkorf

סל נייר

de Törn

נסיעה

Grand
dat Hotel
מלון
de Harbarg
הוסטל
ROOMS
de Wesselstuuv
המרת מטבע
de Kuffer
מזוודה
dat Auto
אוטו

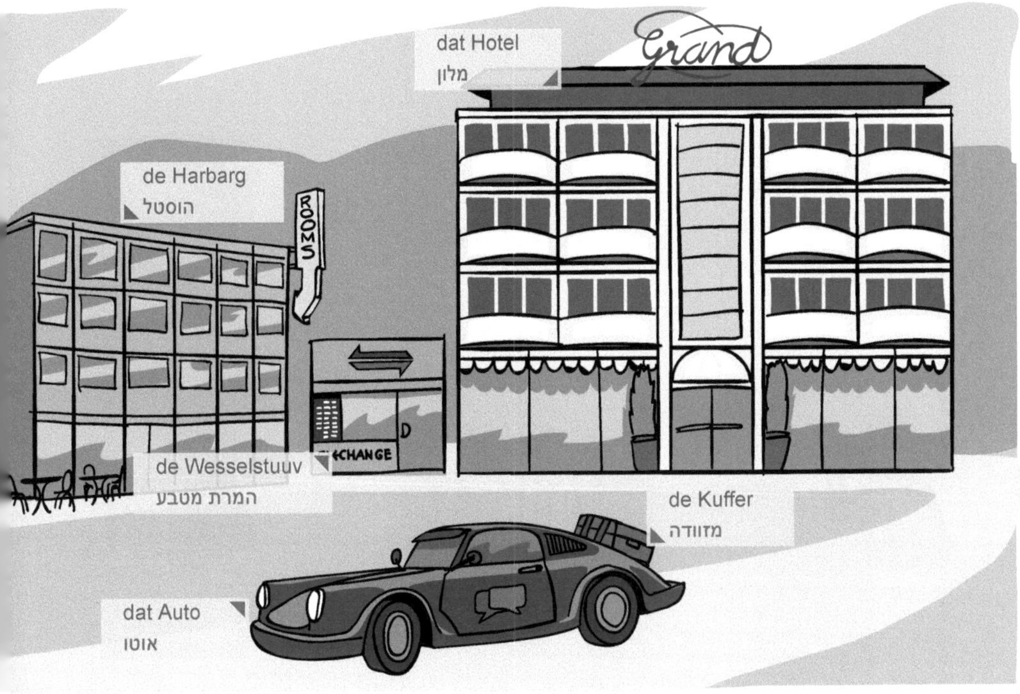

de Spraak
שפה

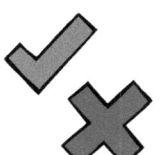

jo / ne
כן / לא

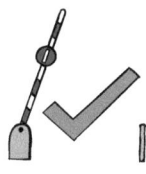

Jo
בסדר

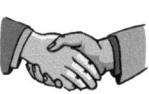

Moin
שלום

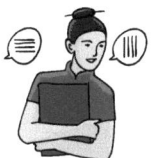

de Översetter
מתרגם

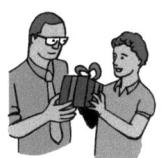

Dank ok
תודה

Wat kost...?

?.....כמה עולה

Ik verstah nich

אני לא מבין

dat Problem

בעיה

Goden Avend

!ערב טוב

Moin!

!בוקר טוב

Gode Nacht!

!לילה טוב

Tschüüs

להתראות

de Richt

כיוון

de Bagaasch

כבודה

de Tasch

תיק

de Rüchsack

תרמיל גב

de Gast

אורח

de Stuuv

חדר

de Slaapsack

שק שינה

dat Telt

אוהל

e Touristeninformatschoon

מרכז מידע לתיירים

de Strand

חוף ים

de Kreditkoort

כרטיס אשראי

dat Fröhstück

ארוחת בוקר

dat Meddageten

ארוחת צהריים

dat Avendeten

ארוחת ערב

de Fohrkort

כרטיס

de Fohrstohl

מעלית

de Breefmark

בול

de Grenz

גבול

de Toll

מכס

de Bottschop

שגרירות

dat Visum

אשרה

de Pass

דרכון

de Transport

תחבורה

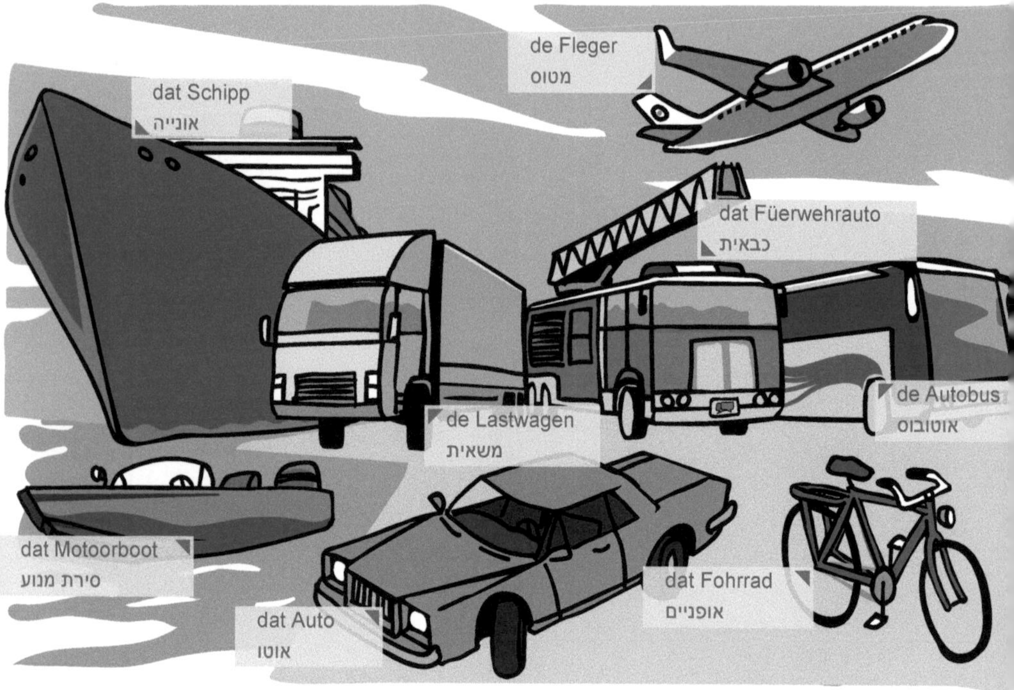
de Fleger
מטוס
dat Schipp
אונייה
dat Füerwehrauto
כבאית
de Autobus
אוטובוס
de Lastwagen
משאית
dat Motoorboot
סירת מנוע
dat Fohrrad
אופניים
dat Auto
אוטו

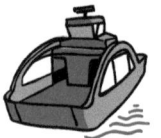

de Fähr

מעבורת

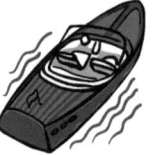

dat Boot

סירה

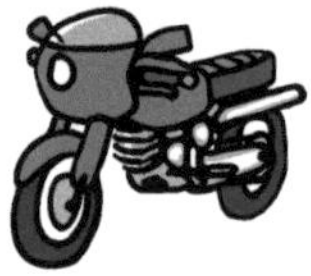

dat Motoorrad

אופנוע

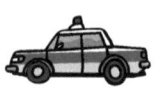

dat Polizeiauto

ניידת משטרה

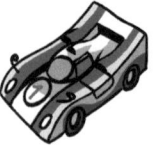

dat Rönnauto

מכונית מרוץ

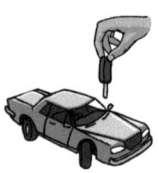

de Lehnwagen

רכב שכור

dat Carsharing

מכוניות בשיתוף

de Afsleepwagen

אוטו גרר

dat Müllauto

משאית זבל

de Motoor

מנוע

de Kraftstoff

דלק

de Tanksteed

תחנת דלק

dat Verkehrsschild

תמרור

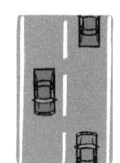

de Verkehr

תנועה

de Stau

פקק תנועה

de Afstellplatz

חניה

de Bahnhoff

תחנת רכבת

de Sporen

פסי רכבת

de Tog

רכבת

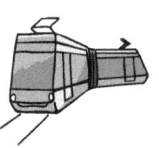

de Stratenbahn

רכבת קלה

de Wagon

קרון

de Dwarsmöhl

מסוק

de Flooghaven

שדה-תעופה

de Tower

מגדל

de Fohrgast

נוסע

de Grootkist

קונטיינר

de Karton

קרטון

de Koor

עגלה

de Korf

סל

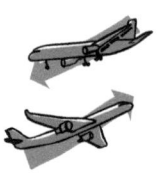

starten / lannen

המראה / נחיתה

de Stadt

עיר

dat Dörp

כפר

de Binnenstadt

מרכז העיר

dat Huus

בית

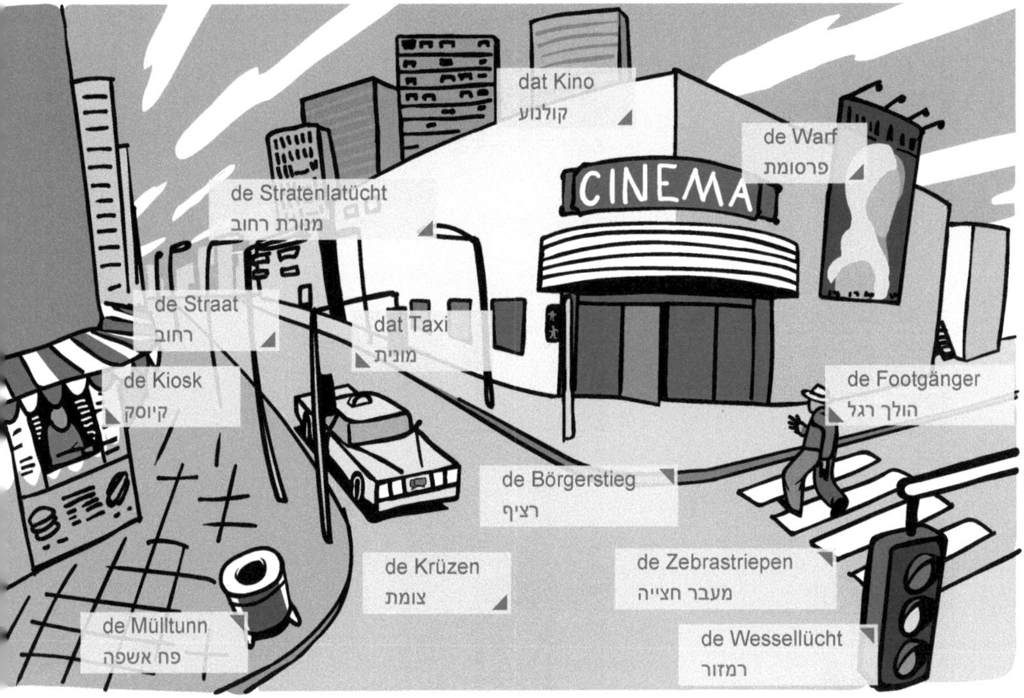

dat Kino קולנוע

de Warf פרסומת

de Stratenlatücht מנורת רחוב

de Straat רחוב

dat Taxi מונית

de Kiosk קיוסק

de Footgänger הולך רגל

de Börgerstieg רציף

de Krüzen צומת

de Zebrastriepen מעבר חצייה

de Mülltunn פח אשפה

de Wessellücht רמזור

CINEMA

de Hütt

בקתה

de Wahnung

דירה

de Bahnhoff

תחנת רכבת

dat Raathuus

עירייה

dat Museum

מוזיאון

de School

בית ספר

de Universität

אוניברסיטה

de Bank

בנק

dat Krankenhuus

בית חולים

dat Hotel

מלון

de Afteek

בית מרקחת

dat Büro

משרד

de Bookhökerie

חנות ספרים

de Hökerie

חנות

de Blomenhökerie

חנות פרחים

de Supermarkt

סופרמרקט

de Markt

שוק

dat Koophuus

כל-בו

de Fischhökerie

מוכר דגים

dat Inkoopszentrum

קניון

de Haven

נמל

de Parkanlaag

פארק

de Bank

ספסל

de Brüch

גשר

de Trepp

מדרגות

de Ünnergrundbahn

רכבת תחתית

de Tunnel

מנהרה

de Busstoppsteed

תחנת אוטובוס

de Bar

בר

dat Spieslokal

מסעדה

de Breefkassen

תא דואר

dat Stratenschild

שלט רחוב

de Parkklock

מדחן

de Deertenpark

גן חיות

de Baadanstalt

בריכת שחיה

de Moschee

מסגד

de Buernhoff

חווה

de Ümweltversmudden

זיהום

de Karkhoff

בית עלמין

de Kark

כנסייה

de Speelplatz

מגרש משחקים

de Tempel

בית מקדש

de Landschop

נוף

dat Blatt
עלה

de Wiespahl
תמרור

de Weg
דרך

de Wisch
מרעה

de Steen
אבן

de Boom
עץ

de Wannerer
מטייל

de Fluss
נהר

dat Gras
דשא

de Bloom
פרח

dat Daal

בקעה

de Barg

הר

de See

אגם

dat Holt

יער

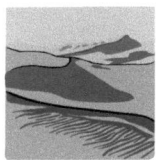

de Wööst

מדבר

de Füerspien Barg

הר געש

dat Slott

טירה

de Regenbagen

קשת בענן

de Poggenstohl

פטריה

de Palm

דקל

de Steekmück

יתוש

de Fleeg

זבוב

de Miegeemk

נמלה

de Imm

דבורה

de Spinn

עכביש

de Sebber

חיפושית

de Pogg

צפרדע

de Katteker

סנאי

de Swienegel

קיפוד

de Haas

ארנב

de Uul

ינשוף

de Vagel

ציפור

de Swaan

ברבור

dat Wildswien

חזיר בר

de Hirsch

צבי

de Elk

אייל הקורא

de Staudamm

סכר

dat Windrad

טורבינת רוח

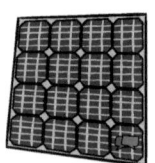

dat Solarmodul

פנל סולארי

dat Klima

אקלים

dat Spieslokal

מסעדה

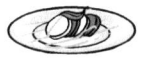

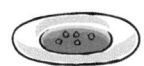

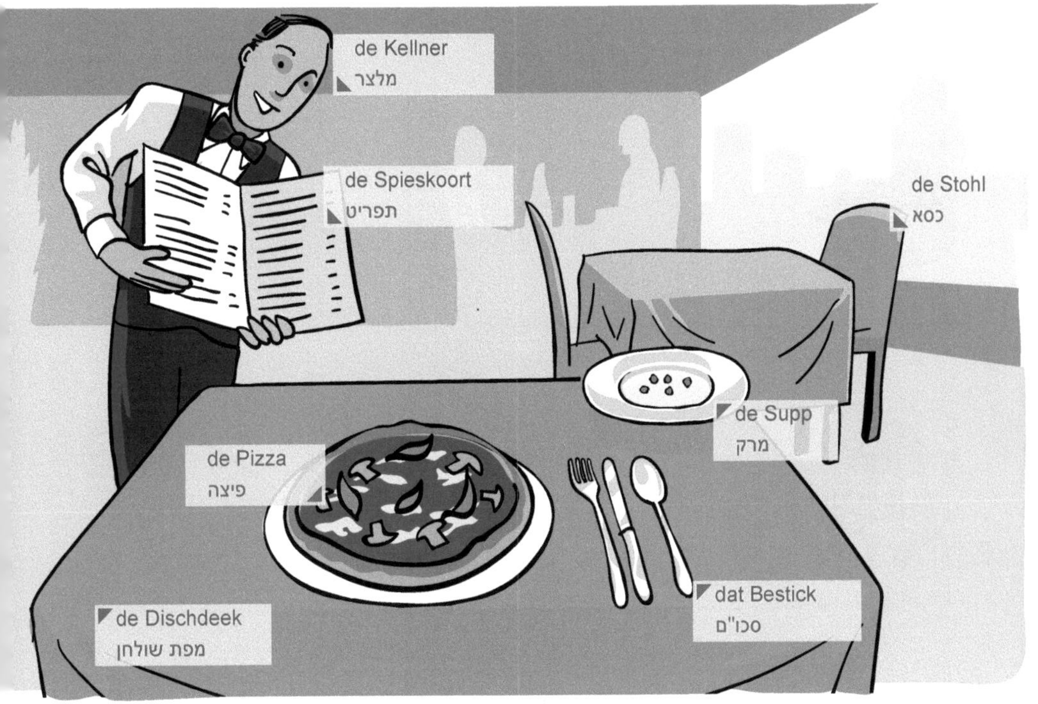
de Kellner
מלצר
de Spieskoort
תפריט
de Stohl
כסא
de Supp
מרק
de Pizza
פיצה
dat Bestick
סכו"ם
de Dischdeek
מפת שולחן

de Vörspies
מנת פתיחה

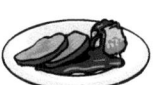

dat Haupteten
מנה עיקרית

de Nadisch
קינוח

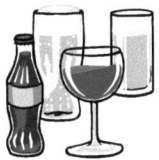

de Drünk
שתיות

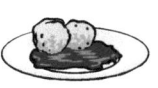

dat Eten
אוכל

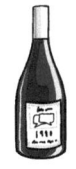

de Buddel
בקבוק

dat Fastfood

מזון מהיר

dat Strateneten

אוכל רחוב

de Teekann

קנקן תה

de Zuckerdoos

מסכרת

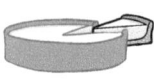

de Portschoon

מנה

de Espressomaschien

מכונת אספרסו

de Hoochstohl

כסא תינוק

de Reken

חשבון

dat Tablett

מגש

dat Mess

סכין

de Gavel

מזלג

de Lepel

כף

de Teelepel

כפית

dat Munddook

מפית

dat Glas

כוס

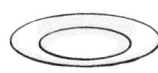

de Töller

צלחת

de Suppentöller

קערת מרק

de Ünnertass

תחתית

de Sooß

רוטב

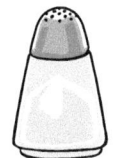

de Soltstreuer

מלחייה

de Pepermöhl

מטחנת פלפל

de Etig

חומץ

dat Ööl

שמן

de Krüder

תבלינים

de Ketchup

קטשופ

de Mostrich

חרדל

de Mayonnaise

מיונז

de Supermarkt

סופרמרקט

dat Anbott
מבצע
FOR
de Kunn
לקוח
de Melkprodukten
מוצרי חלב
dat Aaft
פירות
de Inkoopswagen
עגלת קניות

BUTCHERS

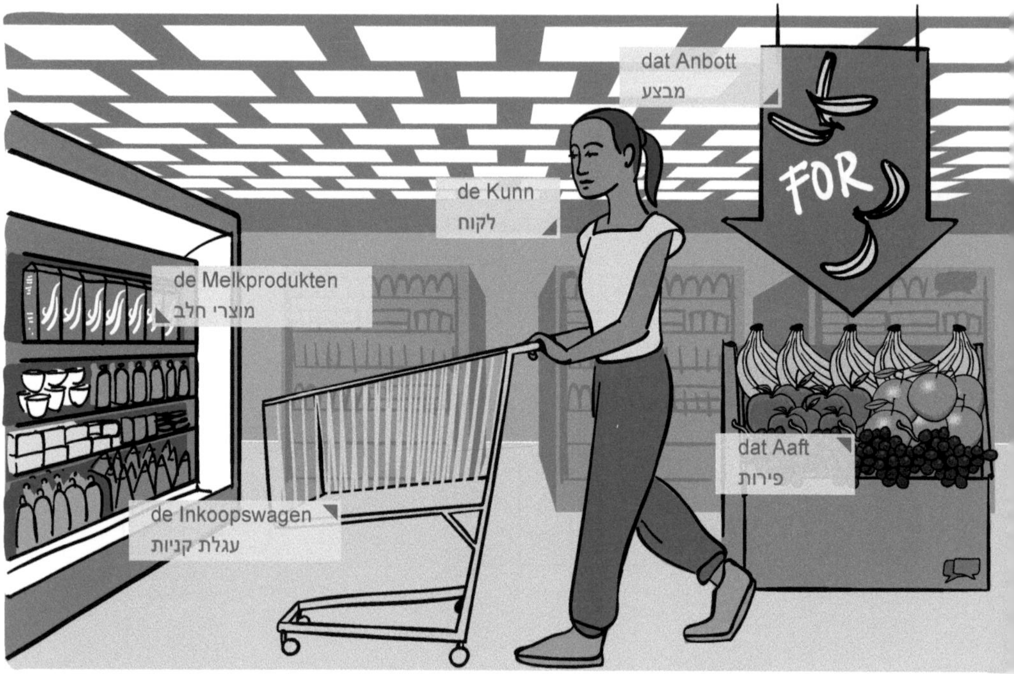

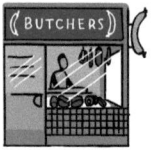

de Slachterie

אטליז

BAKERY

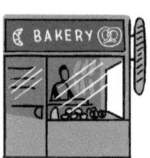

de Bäckerie

מאפייה

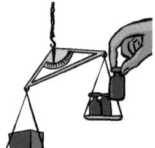

wegen

שקל

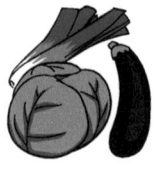

de Gröönsaken

ירקות

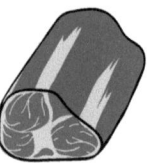

dat Fleesch

בשר

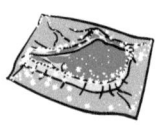

de Deepköhlkost

מזון קפוא

de Opsnitt

בשר קר

de Konserven

שימורים

de Waschmiddel

אבקת כביסה

de Snoopkraam

ממתקים

de Huushooltssaken

מוצרי בית

de Reinmaaktüüch

חומר ניקוי

de Verköpersche

מוכרת

de Kass

קופה

de Kasserer

קופאי

de Inkoopslist

רשימת קניות

de Opsparrtieden

שעות פתיחה

de Breeftasch

ארנק

de Kreditkoort

כרטיס אשראי

de Tasch

תיק

de Plastiktüüt

שקית ניילון

de Drünk

dat Water

מים

de Saft

מיץ

de Melk

חלב

de Cola

קולה

de Wien

יין

dat Beer

בירה

de Spriet

אלכוהול

de Kakao

קקאו

de Tee

תה

de Koffie

קפה

de Espresso

אספרסו

de Cappucino

קפוצ'ינו

de Banaan

בננה

de Appel

תפוח

de Appelsien

תפוז

de Meloon

אבטיח

de Zitroon

לימון

de Wöttel

גזר

de Knuuvlook

שום

de Bambus

במבוק

de Zibbel

בצל

de Poggenstohl

פטריות

de Nööt

אגוזים

de Nudeln

אטריות

de Spaghetti

ספגטי

de Ries

אורז

de Salat

סלט

de Pommes frites

צ'יפס

de Braadkantüffeln

צ'יפס

de Pizza

פיצה

de Hamborger

המבורגר

dat Sandwich

כריך

dat Snitzel

שניצל

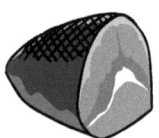

de Schinken

שינקין

de Salami

סלאמי

de Wust

נקניקיה

dat Hohn

עוף

de Braden

טיגון

de Fisch

דג

de Haverflocken

שיבולת שועל

dat Müsli

מוזלי

de Cornflakes

קורנפלקס

dat Mehl

קמח

de Croissant

קרואסון

dat Rundstück

לחמנייה

dat Broot

לחם

dat Toast

טוסט

de Keksen

עוגיות

de Botter

חמאה

de Quark

גבינה לבנה

de Koken

עוגה

dat Ei

ביצה

dat Spegelei

ביצת עין

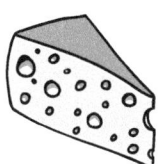

de Kees

גבינה

de Ies

גלידה

de Zucker

סוכר

de Honnig

דבש

de Marmelaad

ריבה

de Nougat-Creme

ממרח נוגט

dat Curry

קארי

de Buernhoff

חווה

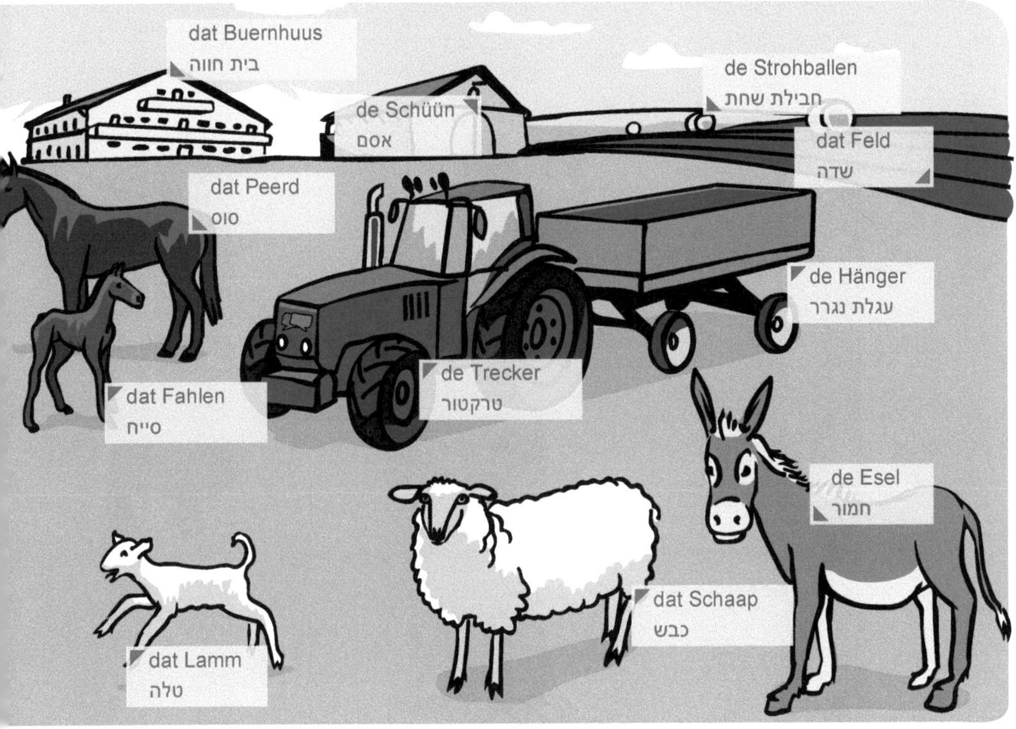
dat Buernhuus
בית חווה
de Schüün
אסם
de Strohballen
חבילת שחת
dat Feld
שדה
dat Peerd
סוס
de Hänger
עגלת נגרר
de Trecker
טרקטור
dat Fahlen
סייח
de Esel
חמור
dat Schaap
כבש
dat Lamm
טלה

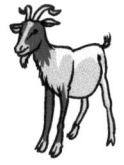

de Zeeg
....
עז

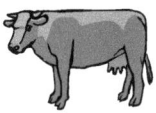

de Koh
....
פרה

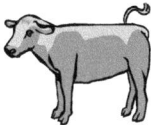

dat Kalf
....
עגל

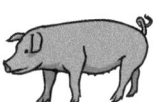

dat Swien
....
חזיר

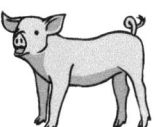

dat Farken
....
חזרזיר

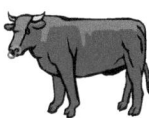

de Bull
....
שור

de Goos

אווז

de Aant

ברווז

dat Küken

אפרוח

dat Hohn

תרנגולת

de Hahn

תרנגול

de Rott

חולדה

de Katt

חתול

de Muus

עכבר

de Oss

שור

de Hund

כלב

de Hunnenhütt

מלונה

de Goornslauch

צינור השקיה

de Geetkann

קנקן מים

de Lee

חרמש

de Ploog

מחרשה

de Sich

מגל

de Hack

מגרפה

de Mestfork

קלשון

de Ext

גרזן

de Schuufkoor

מריצה

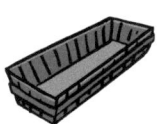

de Trog

שוקת

de Melkkann

כד חלב

de Sack

שק

de Tuun

גדר

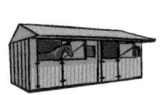

de Stall

אורווה

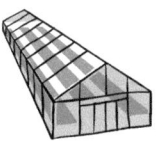

dat Drievhuus

חממה

de Bodden

אדמה

de Saat

זרע

de Dünger

דשן

de Meihdöscher

מקצרה

oornen

קצר

de Oorn

קציר

de Yamswöttel

בטטה אפריקנית

de Weten

חיטה

dat Soja

סויה

de Kantüffel

תפוח אדמה

de Törksche Weten

תירס

de Rapp

קנולה

de Aaftboom

עץ פירות

de Troopsch Kantüffel

קסבה

dat Koorn

דגנים

dat Huus
בית

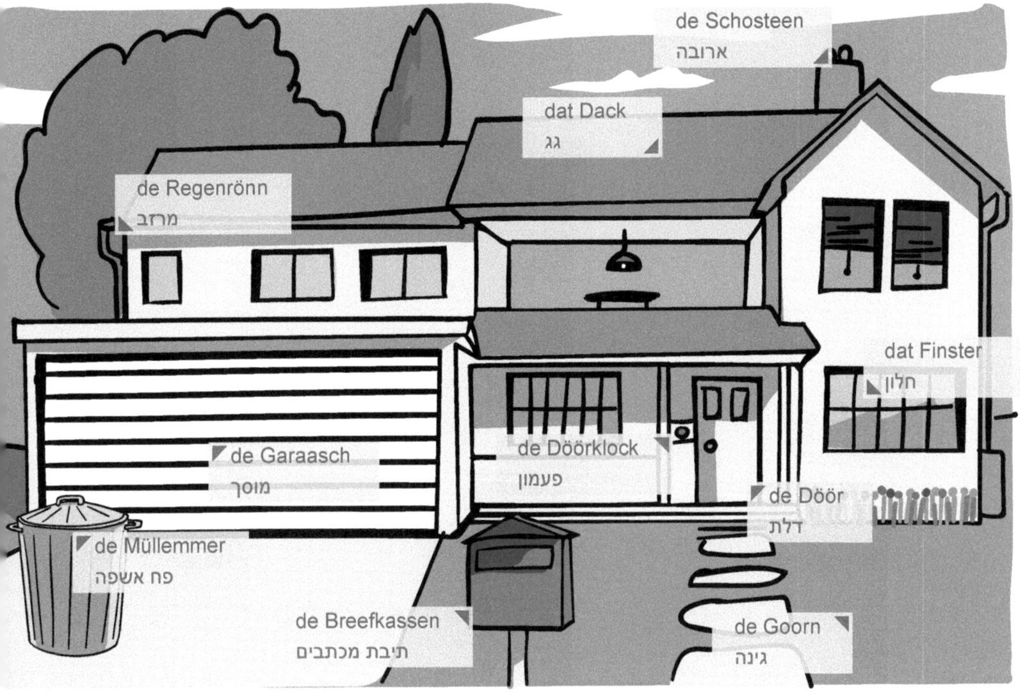
de Schosteen
ארובה
dat Dack
גג
de Regenrönn
מרזב
dat Finster
חלון
de Garaasch
מוסך
de Döörklock
פעמון
de Döör
דלת
de Müllemmer
פח אשפה
de Breefkassen
תיבת מכתבים
de Goorn
גינה

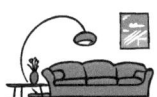

de Wahnstuuv

סלון

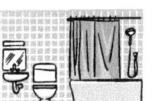

de Baadstuuv

חדר אמבטיה

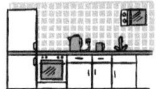

de Köök

מטבח

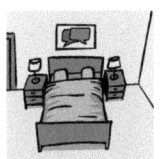

de Slaapstuuv

חדר שינה

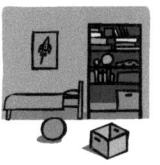

de Kinnerstuuv

חדר ילדים

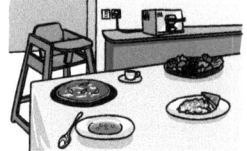

de Eetstuuv

חדר אוכל

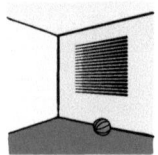

de Footbodden

רצפה

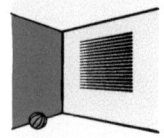

de Wand

קיר

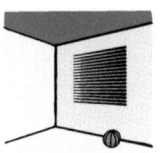

de Deek

תקרה

de Keller

מרתף

dat Hittluftbad

סאונה

de Balkon

מרפסת

de Terrass

מרפסת

dat Swümmbad

בריכה

de Rasenmeiher

מכסחת דשא

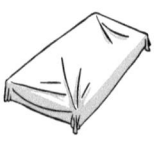

de Bettbetog

סדין

de Bettdeek

כיסוי מיטה

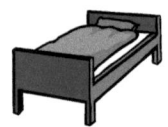

de Puuch

מיטה

de Bessen

מטאטא

de Emmer

דלי

de Schalter

מפסק

de Wahnstuuv

סלון

de Tapeet
טפט
dat Bild
תמונה
de Lamp
מנורה
dat Regal
מדף
dat Schapp
ארון
de Kiekkassen
טלוויזיה
de Kamin
אח
de Bloom
פרח
dat Küssen
כרית
dat Sofa
ספה
de Vaas
אגרטל
de Feernbedenen
שלט רחוק

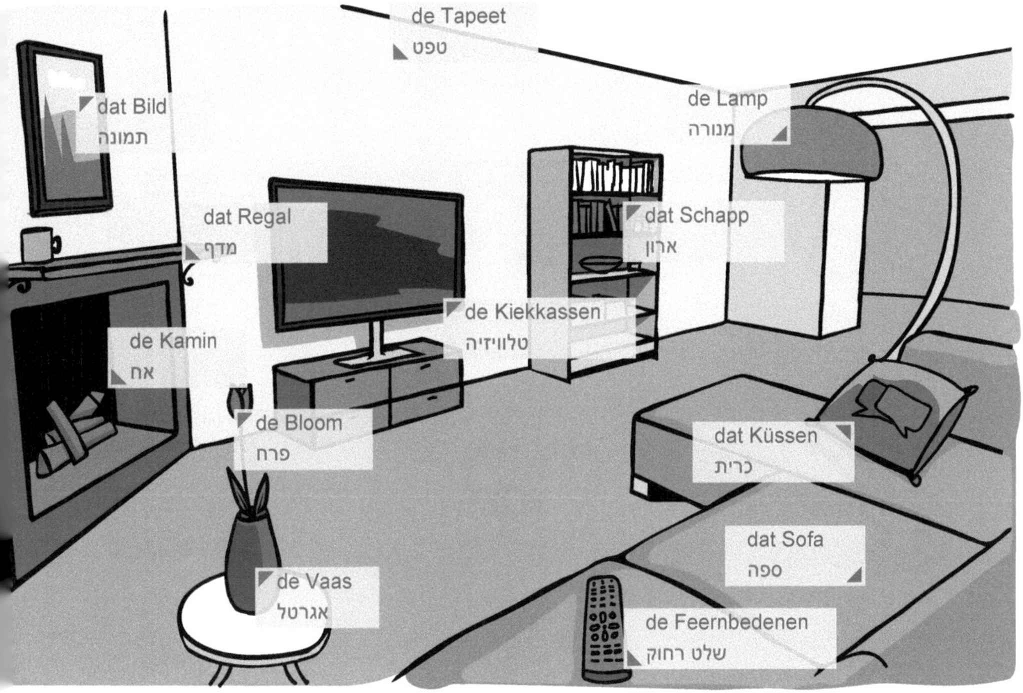

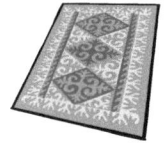

de Teppich

שטיח

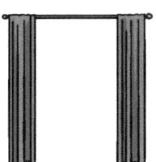

de Vörhang

וילון

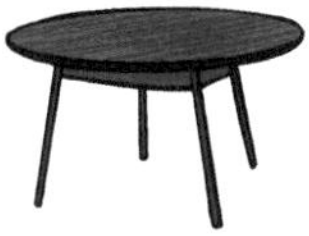

de Disch

שולחן

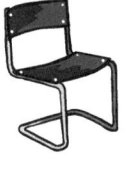

de Stohl

כסא

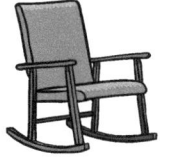

de Schuckelstohl

כיסא נדנדה

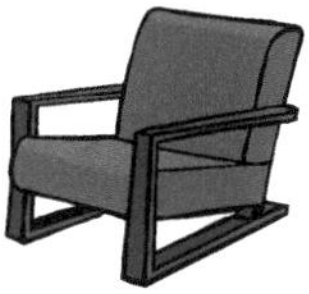

de Sessel

כורסה

dat Book

ספר

de Deek

שמיכה

de Dekoratschoon

דקורציה

dat Füerholt

עצי הסקה

de Film

סרט

de Stereoanlaag

מערכת סטריאו

de Slötel

מפתח

dat Narichtenblatt

עיתון

dat Gemälde

ציור

dat Poster

פוסטר

dat Radio

רדיו

de Opschrievblock

מחברת

de Huulbessen

שואב אבק

de Kaktus

קקטוס

de Kars

נר

de Köök
מטבח

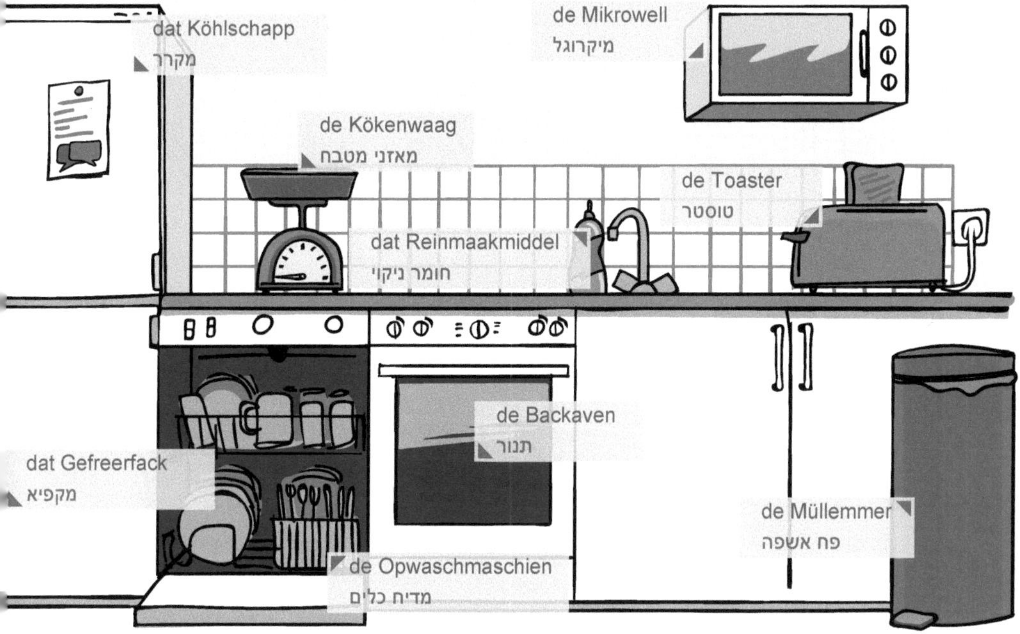

dat Köhlschapp
מקרר
de Mikrowell
מיקרוגל
de Kökenwaag
מאזני מטבח
de Toaster
טוסטר
dat Reinmaakmiddel
חומר ניקוי
de Backaven
תנור
dat Gefreerfack
מקפיא
de Müllemmer
פח אשפה
de Opwaschmaschien
מדיח כלים

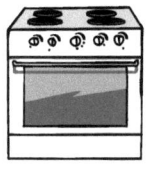

de Heerd

תנור

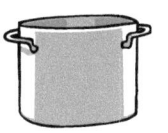

de Pott

סיר

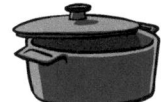

de Gussiesern Putt

סיר ברזל

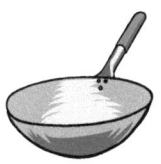

de Wok / Kadai

ווק

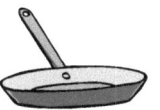

de Pann

מחבת

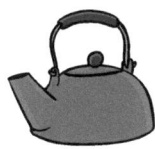

de Waterkaker

קומקום חשמלי

de Dampkaakputt

מאדה

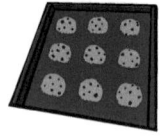

dat Backblick

מגש אפייה

dat Geschirr

כלי אוכל

de Beker

ספל

de Schaal

קערה

de Eetsticken

צ'ופסטיקס

de Suppenkell

מצקת

de Pannenwenner

מרית

de Sneebessen

מטרפה

dat Kaakseef

מסננת בישול

dat Seef

מסננת

de Riev

מגרדת

de Mörser

מכתש

de Grill

גריל

de Füerstell

מדורה

dat Sniedbrett

קרש חיתוך

dat Nudelholt

מערוך

de Proppentrecker

פותחן פקקים

de Doos

פחית

de Dosenaapner

פותחן קופסאות

de Pottlappen

מטלית

dat Waschbecken

כיור

de Böst

מברשת

de Swamm

ספוג

de Mixer

בלנדר

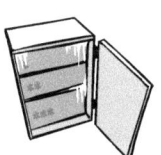

dat lesschapp

מקפיא

de Nuckelbuddel

בקבוק לתינוק

de Waterhahn

ברז

de Baadstuuv

חדר אמבטיה

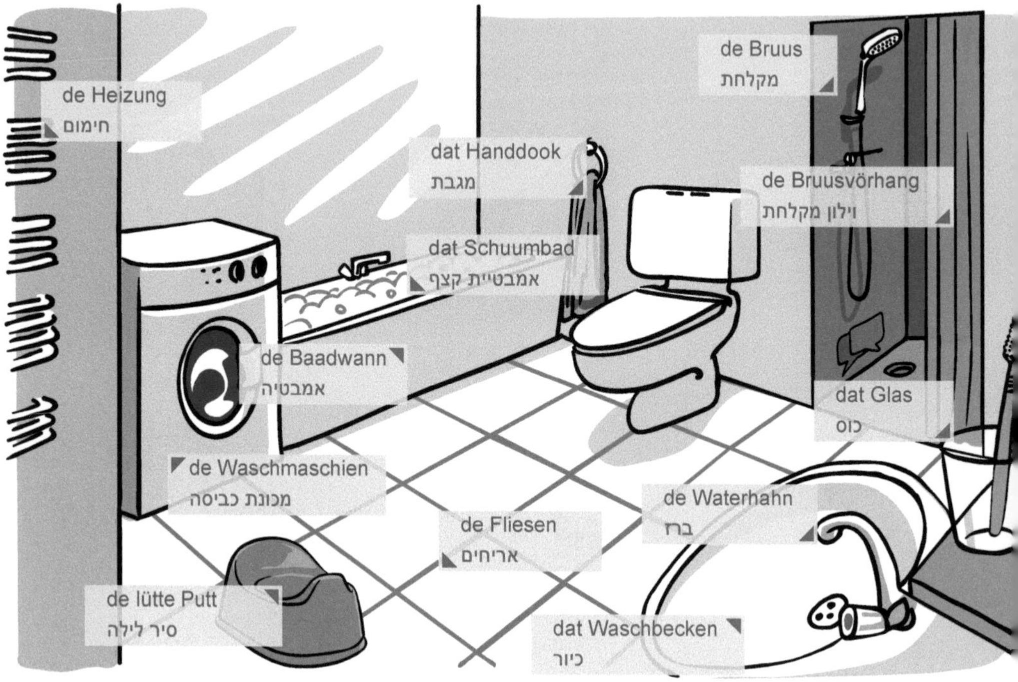

de Heizung
חימום
de Bruus
מקלחת
dat Handdook
מגבת
de Bruusvörhang
וילון מקלחת
dat Schuumbad
אמבטיית קצף
de Baadwann
אמבטיה
dat Glas
כוס
de Waschmaschien
מכונת כביסה
de Waterhahn
ברז
de Fliesen
אריחים
de lütte Putt
סיר לילה
dat Waschbecken
כיור

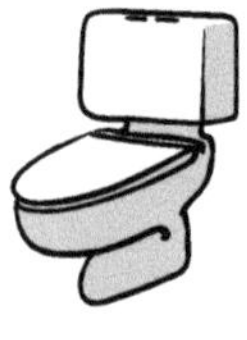

de Tante Meier
אסלה

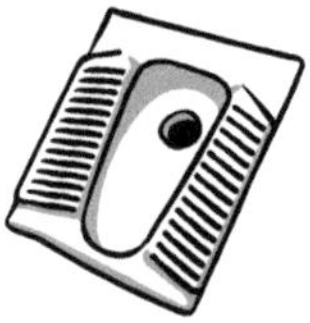

de Hockklo
אסלת כריעה

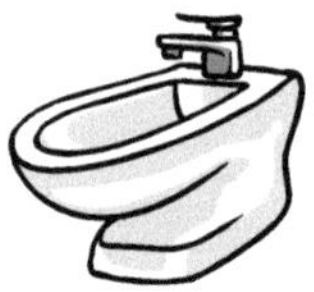

dat Bidet
בידה

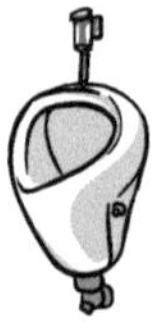

dat Miegbecken
משתנה

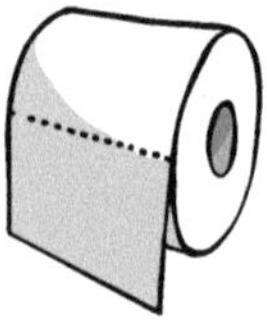

dat Klopapeer
נייר טואלט

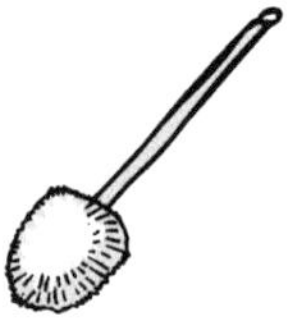

de Kloböst
מברשת אסלה

de Tähnböst

מברשת שיניים

de Tähnpast

משחת שיניים

de Tähnsied

חוט דנטלי

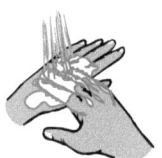

waschen

שטף

de Handbruus

מקלחת יד

de Intimbruus

צינור שטיפה לשירותים

de Waschschöttel

קערת רחצה

de Rüchböst

מברשת גב

de Seep

סבון

dat Bruusgeel

ג'ל רחצה

dat Hoorwaschmiddel

שמפו

de Waschlappen

ליפה

de Afloop

ניקוז

de Creme

קרם

dat Deodorant

דיאודורנט

de Spegel

מראה

de Kosmetikspegel

מראת יד

de Raserer

סכין גילוח

de Raseerschuum

קצף גילוח

dat Raseerwater

אפטרשייב

de Kamm

מסרק

de Böst

מברשת

de Hoordröger

מייבש שיער

dat Hoorspray

ספריי לשיער

de Smink

איפור

de Lippensticken

שפתון

de Nagellack

לק

de Watt

צמר גפן

de Nagelscheer

מספריים לציפורניים

dat Rüükwater

בושם

de Kulturbüdel

תיק כלי רחצה

de Schemel

שרפרף

de Waag

משקל

de Baadmantel

חלוק רחצה

de Gummihanschen

כפפות גומי

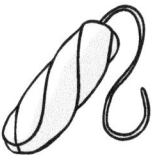

de Tampon

טמפון

de Damenbinn

תחבושת סניטרית

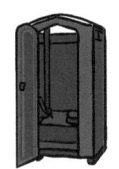

dat Chemieklo

שירותים כימיקליים

de Kinnerstuuv

חדר ילדים

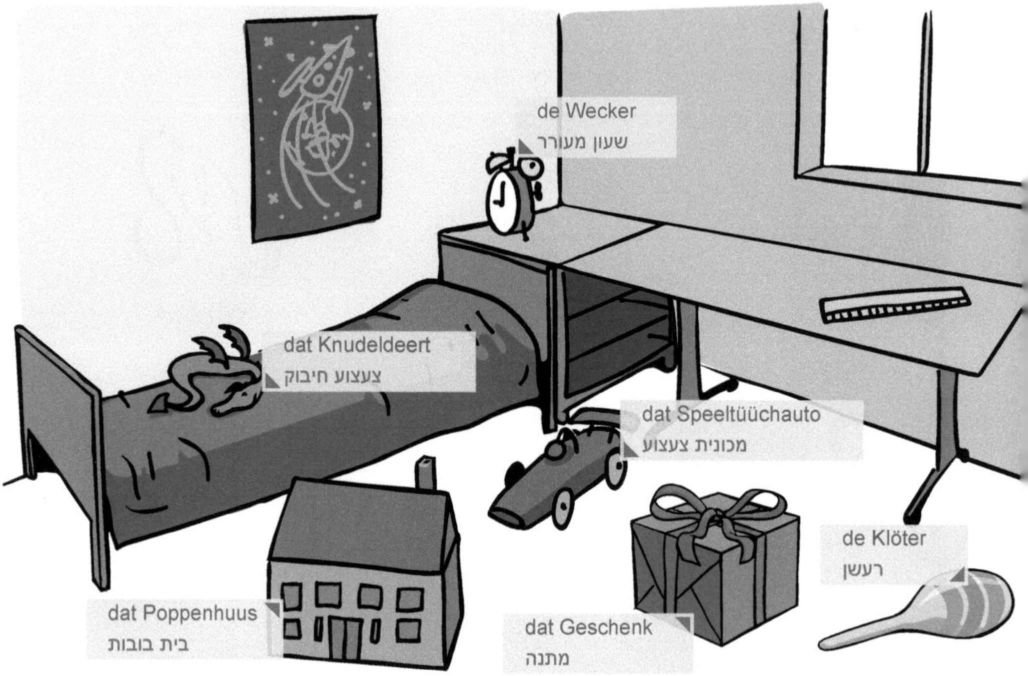

de Wecker
שעון מעורר

dat Knudeldeert
צעצוע חיבוק

dat Speeltüüchauto
מכונית צעצוע

de Klöter
רעשן

dat Poppenhuus
בית בובות

dat Geschenk
מתנה

de Luftballon

בלון

de Puuch

מיטה

de Kinnerwagen

עגלה

dat Koortenspeel

משחק קלפים

dat Puzzle

פאזל

de Billergeschicht

קומיקס

de Legostenen

לגו

de Bustenen

קוביות משחק

de Action-Figur

דמות משחק

de Strampelantog

סרבל תינוקות

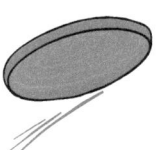

de Frisbeeschiev

פריזבי

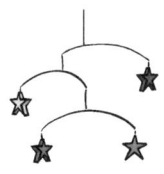

dat Mobile

נייד

dat Brettspeel

משחק לוח

de Wörpel

קוביה

de Modelliesenbahn

רכבת צעצוע

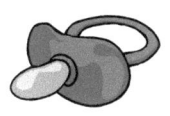

de Snuller

מוצץ

de Party

מסיבה

dat Billerbook

אלבום תמונות

de Ball

כדור

de Popp

בובה

spelen

שיחק

de Sandkassen

ארגז חול

de Schuckel

נדנדה

dat Speeltüüch

צעצועים

de Speelkonsool

קונסולת משחקים

dat Dreerad

אופניים תלת גלגלי

de Teddyboor

דובון

dat Klederschapp

ארון בגדים

dat Tüüch

בגדים

de Socken

גרביים

de Strümp

גרביונים

de Strumpbüx

גרביון

dat Halsdook
צעיף

de Paraplü
מטריה

dat T-Shirt
חולצת טי

de Liefreem
חגורה

de Stevel
מגפיים

de Puuschen
נעלי בית

de Turnschoh
נעלי ספורט

de Sandalen
סנדלים

de Schoh
נעליים

de Gummistevel
מגפי גומי

de Ünnerbüx
תחתונים

de Bostholler
חזייה

dat Ünnerhemd
וסט

de Lief

גוף

de Büx

מכנסיים

de Jeansnüx

ג'ינס

de Rock

חצאית

de Bluus

חולצה מכופתרת

dat Hemd

חולצה

de Pullover

אפודה

de Kapuzenpullover

סווצ'ר עם קפוצ'ון

de Blazer

בלייזר

de Jack

ז'קט

de Mantel

מעיל

de Övertrecker

מעיל גשם

dat Kostüm

תלבושת

dat Kleed

שמלה

dat Hochtietskleed

שמלת כלה

de Antog

חליפה

dat Nachtkleed

כותונת לילה

de Slaapantog

פיג'מה

de Sari

סארי

dat Koppdook

מטפחת ראש

de Turban

טורבן

de Burka

בורקה

de Kaftan

קאפטן

de Abaya

עבאיה

de Baadantog

בגד ים

de Baadbüx

בגד ים

de Korte Büx

מכנסיים קצרים

de Antog to'n Öven

בגד אימון

de Schört

סינר

de Handschoh

כפפות

de Knopp

כפתור

de Brill

משקפיים

dat Armband

צמיד יד

de Halskeed

שרשרת

de Ring

טבעת

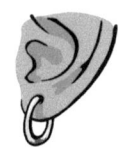

de Ohrbummel

עגיל

de Mütz

כובע

de Klederbögel

קולב

de Hoot

כובע

de Binner

עניבה

de Rietslüter

רוכסן

de Helm

קסדה

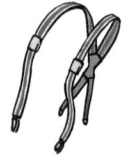

dat Drachtband

כתפיות

de Schooluniform

תלבושת בית ספר

de Uniform

מדים

de Severböten

מפית אוכל

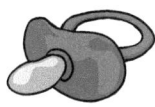

de Snuller

מוצץ

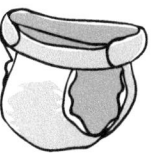

de Winnel

חיתול

dat Büro

משרד

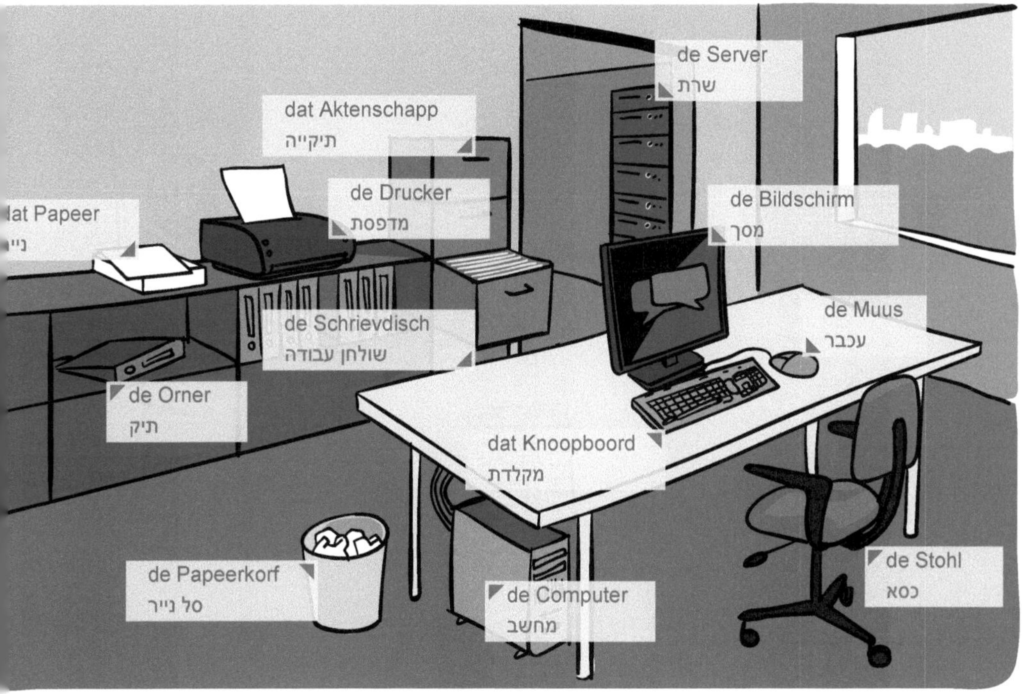

de Server
שרת

dat Aktenschapp
תיקייה

de Drucker
מדפסת

dat Papeer
נייר

de Bildschirm
מסך

de Schrievdisch
שולחן עבודה

de Muus
עכבר

de Orner
תיק

dat Knoopboord
מקלדת

de Papeerkorf
סל נייר

de Computer
מחשב

de Stohl
כסא

de Koffiebeker

ספל קפה

de Taschenreekner

מחשבון

dat Internet

אינטרנט

de Klappreekner

מחשב נייד

de Breef

מכתב

de Naricht

הודעה

de Ackersnacker

נייד

dat Nettwark

רשת

de Kopeerapparat

מכונת צילום

de Software

תוכנה

de Klöönkassen

טלפון

de Steekdoos

שקע

de Faxapparat

פקס

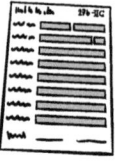

dat Formulor

טופס

dat Dokument

מסמך

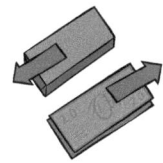

köpen

קנה

betahlen

שילם

hanneln

סחר

dat Geld

כסף

de Dollar

דולר

de Euro

יורו

de Yen

יין

de Ruvel

רובל

de Swiezer Franken

פרנק שווייצרי

de Renminbi Yuan

יואן רנמינבי

de Rupie

רופי

de Geldautomat

כספומט

de Wesselstuuv

המרת מטבע

dat Gold

זהב

dat Sülver

כסף

dat Ööl

נפט

de Energie

אנרגיה

de Pries

מחיר

de Verdrag

חוזה

de Stüer

מס

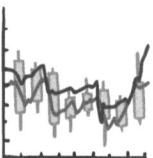

de Andeelschien

מנייה

arbeiden

עבד

de Anstellte

עובד

de Arbeitgever

מעסיק

de Fabrik

מפעל

de Hökerie

חנות

de Profeschonen

מקצועות

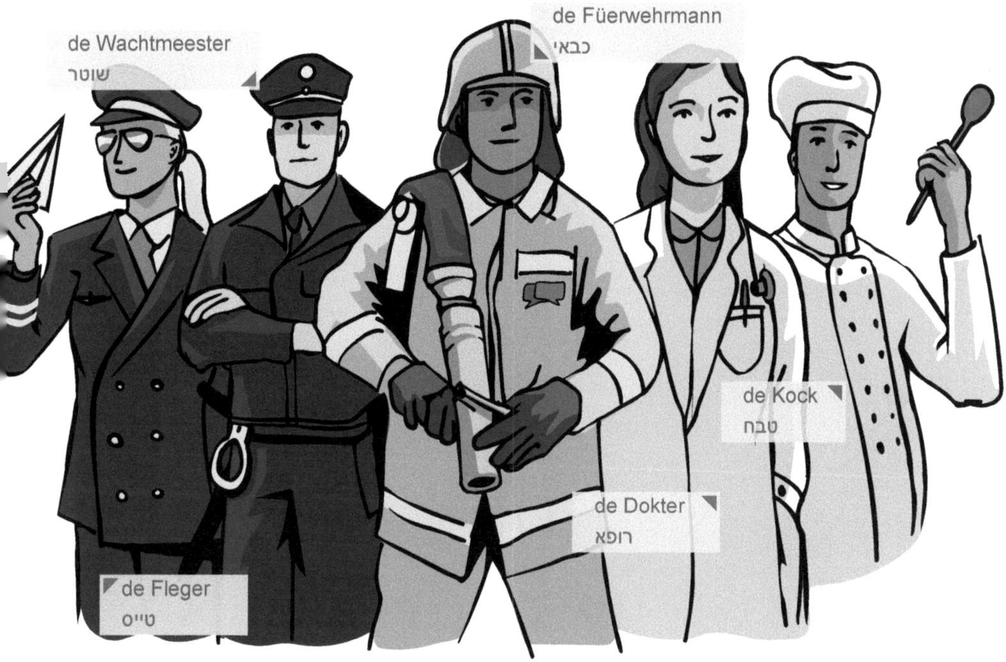
de Wachtmeester
שוטר
de Füerwehrmann
כבאי
de Kock
טבח
de Dokter
רופא
de Fleger
טייס

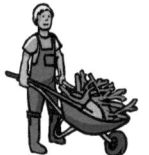

de Goorner

גנן

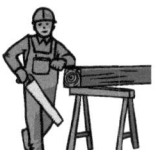

de Discher

נגר

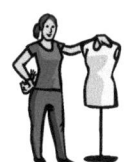

de Neihersche

תופרת

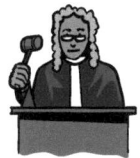

de Richter

שופט

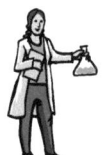

de Chemiker

כימאי

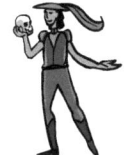

de Schauspeler

שחקן

de Busfohrer

נהג אוטובוס

de Taxifohrer

נהג מונית

de Fischer

דייג

de Reinmaakfru

עובדת נקיון

de Dackdecker

מתקן גגות

de Kellner

מלצר

de Jäger

צייד

de Maler

צייר

de Bäcker

אופה

de Elektriker

חשמלאי

de Buarbeider

עובד בניין

de Ingenieur

מהנדס

de Slachter

קצב

de Klempner

אינסטלטור

de Postbüdel

דוור

de Suldat

חייל

de Architekt

אדריכל

de Kasserer

קופאי

de Florist

מוכר פרחים

de Putzbüdel

ספר

de Schaffner

כרטיסן

de Mechaniker

מכונאי

de Kaptein

קברניט

de Tähndokter

רופא שיניים

de Wetenschopler

מדען

de Rabbi

רב

de Imam

אימאם

de Mönk

נזיר

de Paap

כומר

dat Warktüüch

כלי עבודה

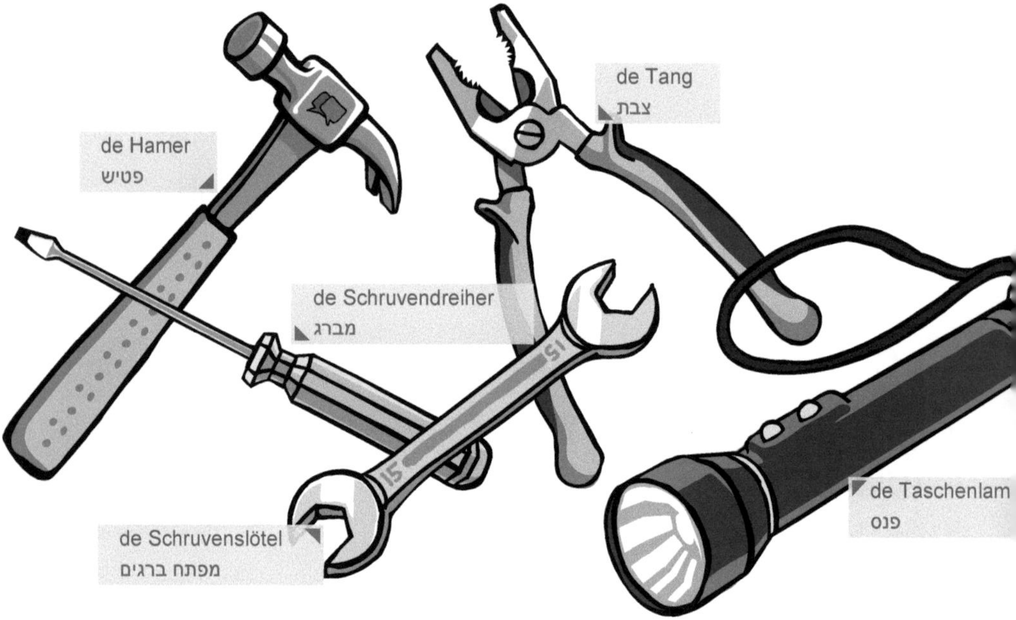

de Tang
צבת
de Hamer
פטיש
de Schruvendreiher
מברג
de Taschenlam
פנס
de Schruvenslötel
מפתח ברגים

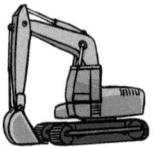

de Grieper

דחפור

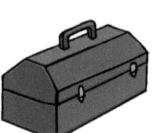

de Warktüüchkassen

ארגז כלים

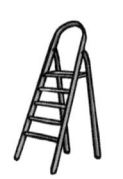

de Ledder

סולם

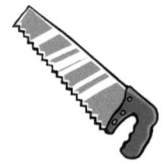

de Saag

מסור

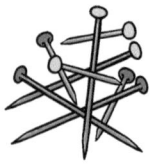

de Nagels

מסמרים

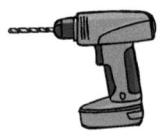

de Bohrer

מקדחה

heelmaken

תיקון

de Schüffel

את חפירה

Schiet!

לעזאזל!

dat Kehrblick

יעה

de Farvpott

פח צבע

de Schruven

ברגים

de Musikinstrumenten

כלי נגינה

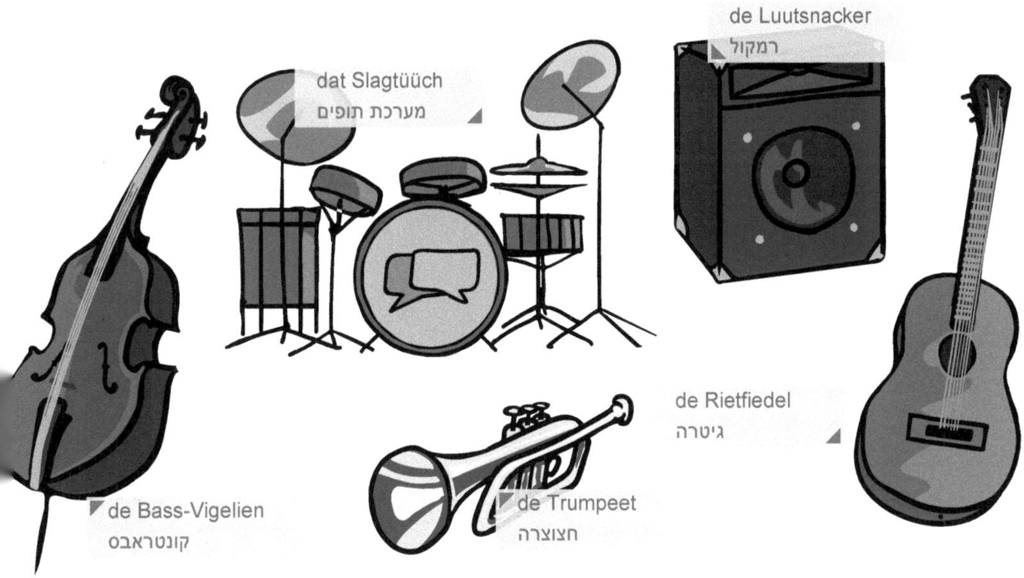

de Luutsnacker

רמקול

dat Slagtüüch

מערכת תופים

de Rietfiedel

גיטרה

de Bass-Vigelien

קונטראבס

de Trumpeet

חצוצרה

dat Klaveer

פסנתר

de Vigelien

כינור

de Bass

בס

de Pauk

תוף הדוד

de Trummeln

תופים

dat Keyboard

מקלדת פסנתר

dat Saxophon

סקסופון

de Fleut

חליל

dat Mikrofoon

מיקרופון

de Deertenpark

גן חיות

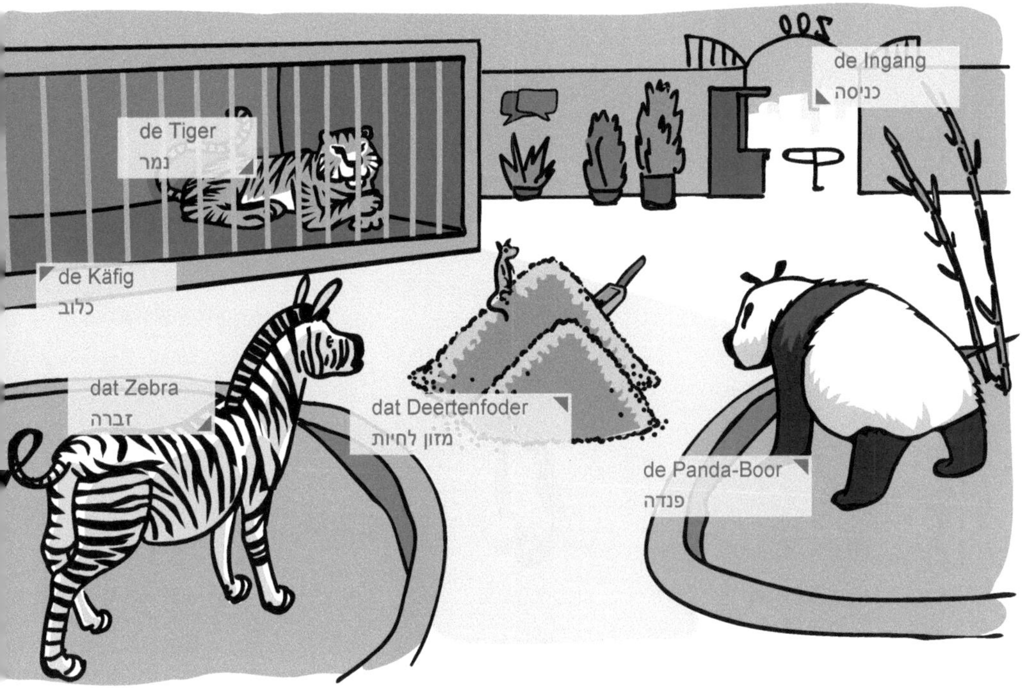

de Ingang
כניסה
de Tiger
נמר
de Käfig
כלוב
dat Zebra
זברה
dat Deertenfoder
מזון לחיות
de Panda-Boor
פנדה

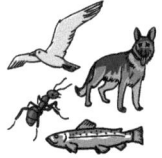

de Deerten

בעלי חיים

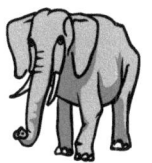

de Elefant

פיל

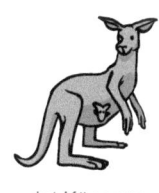

dat Känguru

קנגרו

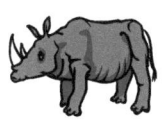

dat Neeshoorn

קרנף

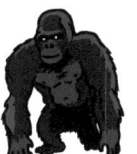

de Gorilla

גורילה

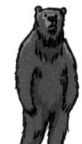

de Boor

דוב

dat Kameel

גמל

de Struuß

יען

de Lööv

אריה

de Aap

קוף

de Flamingo

פלמינגו

de Papagoi

תוכי

de Iesboor

דוב הקרח

de Pinguin

פינגווין

de Haifisch

כריש

de Pageluun

טווס

de Slang

נחש

dat Krokodil

תנין

de Oppasser in'n
Deertenpark

שומר גן החיות

de Saalhund

כלב ים

de Jaguor

יגואר

dat Pony

סוס פוני

de Leopard

לאופרד

dat Nilpeerd

היפופוטאם

de Giraff

ג'ירפה

de Aadler

נשר

dat Wildswien

חזיר בר

de Fisch

דג

de Schildkrööt

צב

dat Walross

סוס ים

de Voss

שועל

de Gazell

איילה

de Amerikaansch Football
פוטבול אמריקאי

dat Radfohren
רכיבת אופניים

dat Tennis
טניס

de Korfball
כדורסל

dat Swümmen
שחיה

dat Boxen
אגרוף

dat Ieshockey
הוקי

de Football
כדורגל

dat Fedderball
בדמינטון

de Leichtathletik
אתלטיקה

de Handball
כדור-יד

dat Skilopen
עשה סקי

dat Polo
פולו

de Aktivitäten
פעילויות

springen
קפץ
singen
שר
ümarmen
חיבק
lachen
צחק
gahn
הלך
drömen
חלם
beden
התפלל
snuteln
נשק

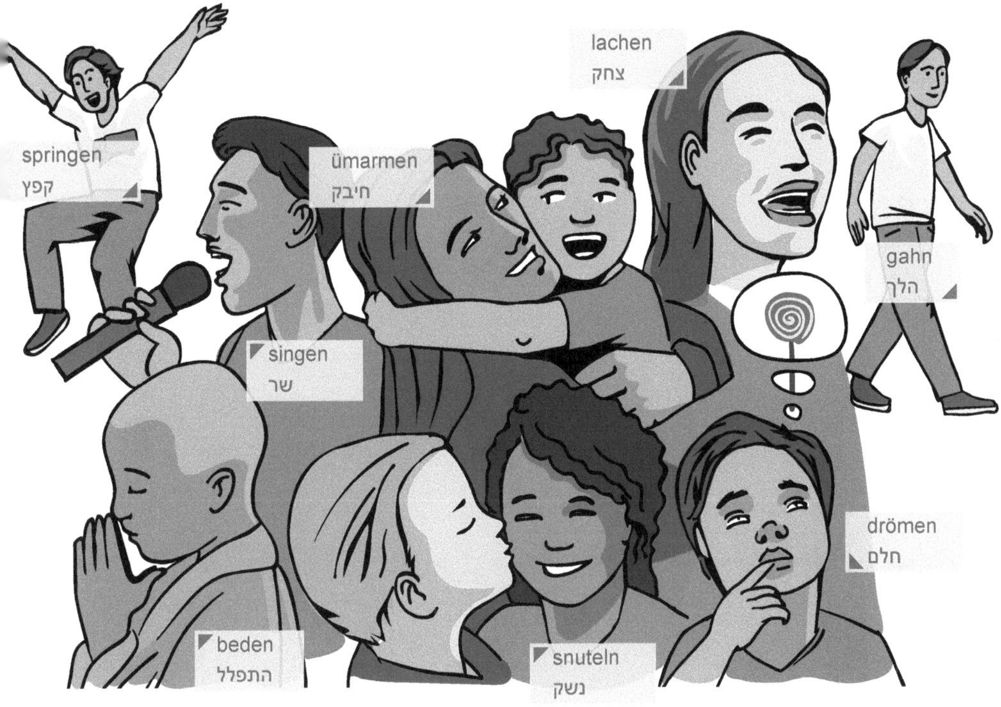

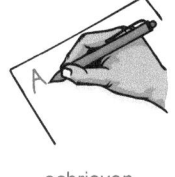

schrieven
כתב

teken
צייר

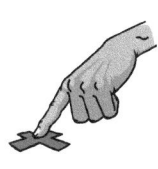

wiesen
הראה

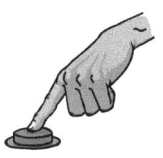

drücken
דחף

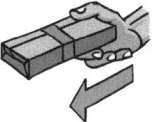

geven
נתן

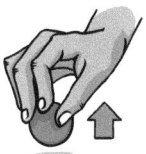

nehmen
לקח

hebben

יש / להיות הבעלים

doon

עשה

sien

היה

stahn

עמד

lopen

רץ

trecken

משך

smieten

זרק

fallen

נפל

liggen

שכב

töven

חיכה

dregen

סחב

sitten

ישב

antrecken

התלבש

slapen

ישן

opwaken

התעורר

ankieken	wenen	eien
-הסתכל ב	בכה	ליטף

kämmen	snacken	verstahn
סירק	דיבר	הבין

fragen	hören	drinken
שאל	שמע	שתה

eten	oprümen	leefhebben
אכל	סידר	אהב

kaken	fohren	flegen
בישל	נהג	עף

segeln

שט

reken

חישב

lesen

קרא

lehren

למד

arbeiden

עבד

de Plünnen tohoopsmieten

התחתן

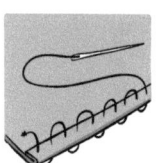

neihen

תפר

Tähnen putzen

ציחצח שיניים

dootmaken

הרג

smöken

עישן

schicken

שלח

e Grootmoder
סבת

de Grootvadder
סבא

de Vadder
אבא

de Moder
אימא

t Winnelkind
תי

de Dochter
בת

de Söhn
בן

de Gast

אורח

de Tant

דודה

de Unkel

דוד

de Broder

אח

de Süster

אחות

de Lief
גוף

de Vörkopp
מצח
dat Oog
עין
de Schuller
כתף
de Finger
אצבע
dat Gesicht
פנים
dat Kinn
סנטר
de Hand
כף יד
de Bost
חזה
dat Been
רגל
de Arm
זרוע

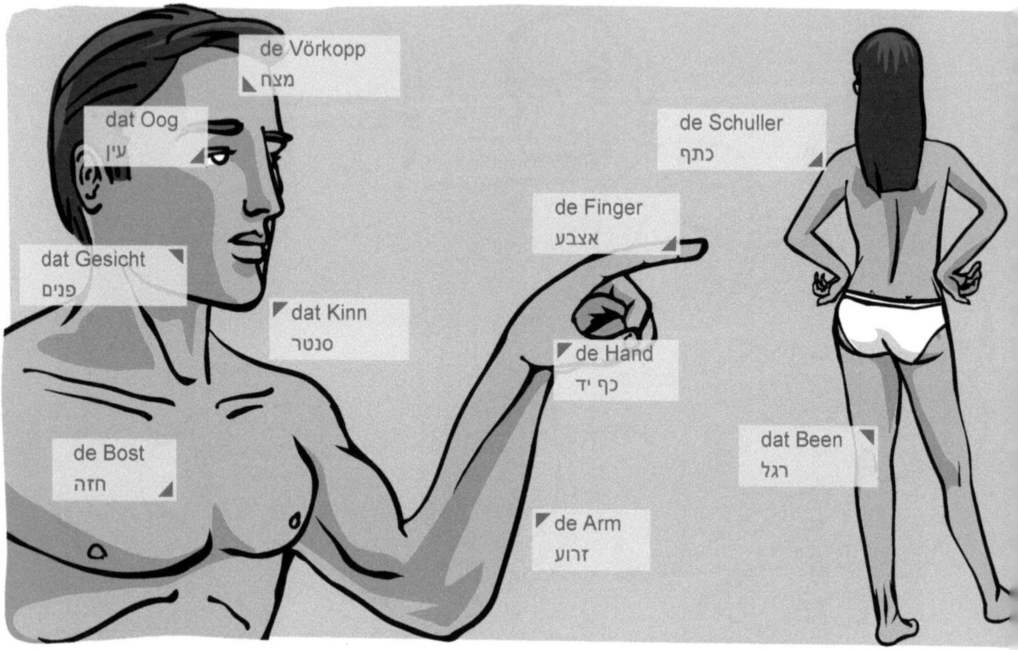

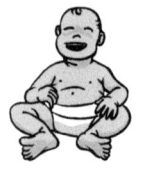

dat Winnelkind
תינוק

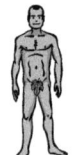

de Mann
איש

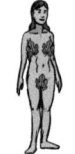

de Fro
אישה

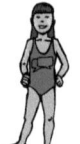

de Deern
ילדה

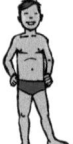

de Jung
ילד

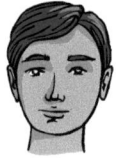

de Arm
ראש

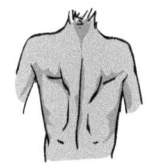

de Rüch

גב

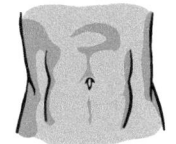

de Buuk

בטן

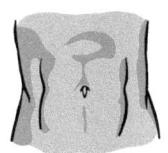

de Navel

טבור

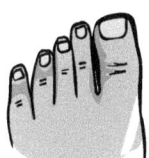

de Teh

אצבע

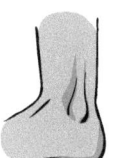

de Hack

עקב

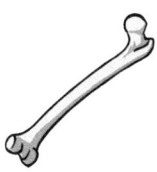

de Knaken

עצם

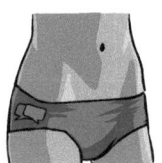

de Hüft

ירך

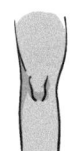

dat Knee

ברך

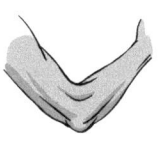

de Ellbagen

מרפק

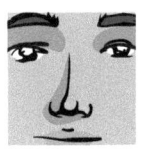

de Nees

אף

de Achtersen

עכוז

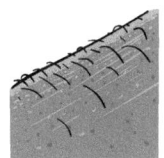

de Huut

עור

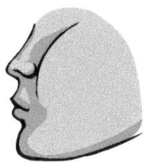

de Back

לחי

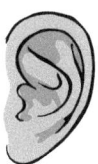

dat Ohr

אוזן

de Lipp

שפתיים

de Mund

פה

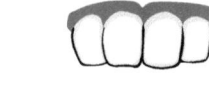

de Tähn

שן

de Tung

לשון

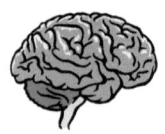

de Bregen

מוח

dat Hart

לב

de Muskel

שריר

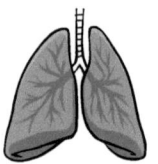

de Lung

ריאה

de Lever

כבד

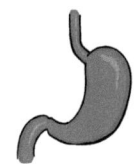

de Maag

קיבה

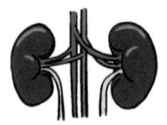

de Neren

כליות

de Bislaap

מין

dat Kondoom

קונדום

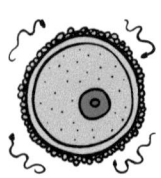

de Eizell

ביצית

dat Sperma

זרע

de Anner Ümstänn

הריון

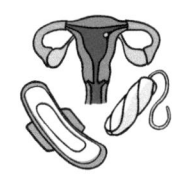

de Menstruatschoon

ווסת

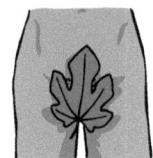

de Scheed

נרתיק

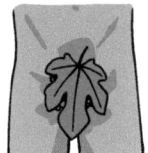

de Pint

פין

de Ogenbroe

גבה

dat Hoor

שיער

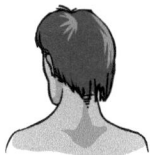

de Hals

צוואר

dat Krankenhuus

בית חולים

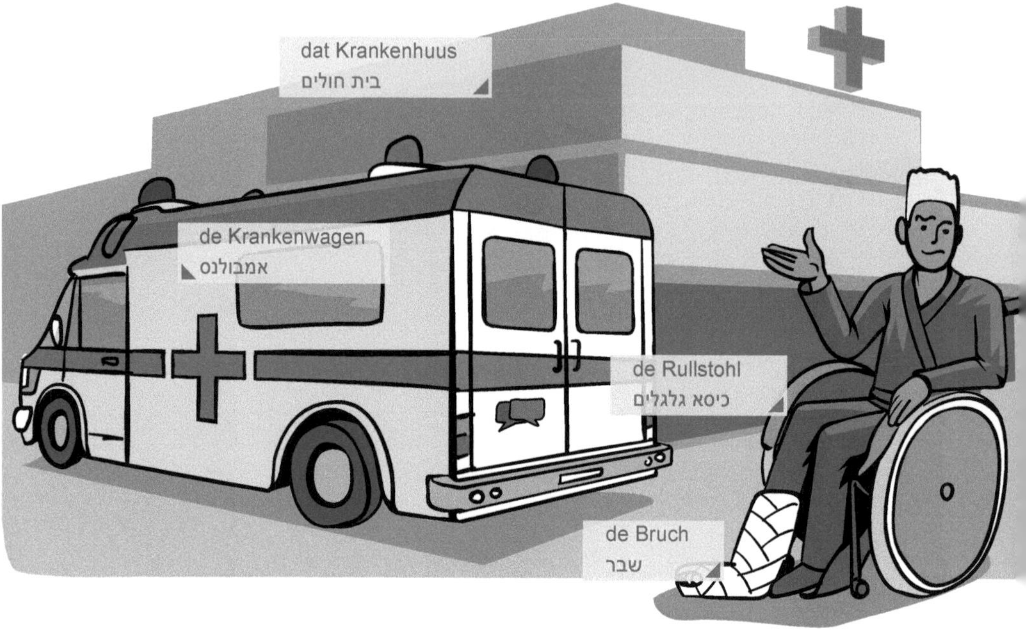

dat Krankenhuus
בית חולים
de Krankenwagen
אמבולנס
de Rullstohl
כיסא גלגלים
de Bruch
שבר

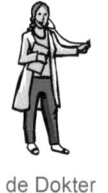

de Dokter

רופא

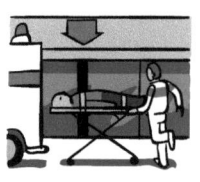

de Nootopnahm

חדר מיון

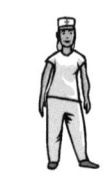

de Krankensüster

אחות

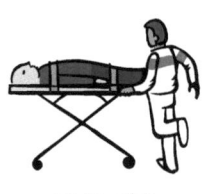

de Nootfall

חירום

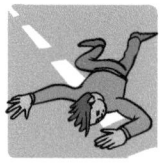

ahnmächtig

חסר הכרה

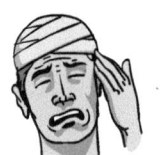

de Wehdaag

כאב

de Verwunnen

פציעה

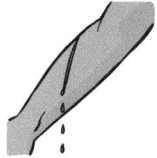

de Blöden

דימום

de Hartinfarkt

התקף לב

de Slaganfall

שבץ

de Allergie

אלרגיה

de Hoosten

שיעול

dat Fever

חום

de Gripp

שפעת

de Dörchfall

שלשול

de Koppwehdaag

כאב ראש

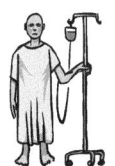

de Kreeft

סרטן

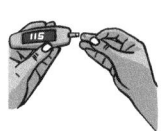

de Zuckersüük

סוכרת

de Chirurg

מנתח

dat Chirurgsch Mess

אזמל

de Operatschoon

ניתוח

dat CT

סי-טי

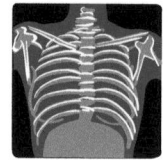

de Dörchlüchten

רנטגן

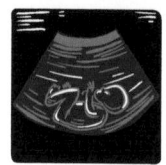

de Ultraschall

אולטרסאונד

de Mask

מסיכת פנים

de Krankheit

מחלה

de Töövruum

חדר המתנה

de Krück

קבה

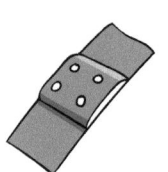

dat Plaaster

פלסטר

de Verband

תחבושת

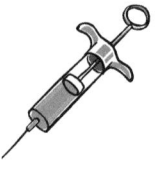

de Insprütten

זריקה

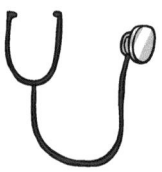

dat Stethoskop

סטטוסקופ

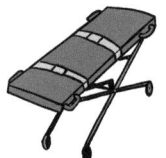

de Draag

אלונקה

dat Feverthermometer

מד חום

de Geboort

לידה

dat Övergewicht

עודף משקל

de Höörapparat

מכשיר שמיעה

dat Kiemfriemiddel

מחטא

de Ansteken

זיהום

de Virus

נגיף

dat HIV / AIDS

איידס

dat Heelmiddel

תרופה

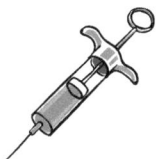

de Impen

חיסון

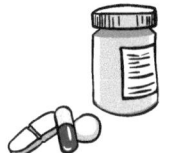

de Tabletten

טבליות

de Pill

גלולה

de Nootroop

קריאת חירום

de Blootdruck-Meter

מד לחץ דם

krank / gesund

חולה / בריא

Hölp!

הצילו!

de Alarm

אזעקה

de Överfall

פשיטה

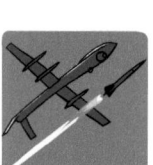

de Angreep

תקיפה

de Gefohr

סכנה

de Nootutgang

יציאת חירום

dat Füer!

אש!

de Füerlöscher

מטף כיבוי

de Unfall

תאונה

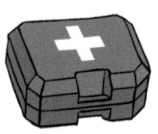

de Noothölpkoffer

ערכת עזרה ראשונה

SOS

הצילו!

de Polizei

משטרה

Europa

אירופה

Noordamerika

צפון אמריקה

Süüdamerika

דרום אמריקה

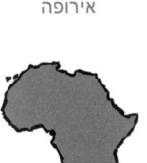

Afrika

אפריקה

Asien

אסיה

Australien

אוסטרליה

de Atlantik

האוקיינוס האטלנטי

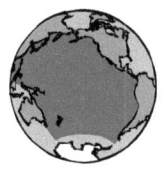

de Pazifik

האוקיינוס השקט

dat Indisch Weltmeer

האוקיינוס ההודי

dat Antarktisch Weltmeer

האוקיינוס האנטרקטי

dat Arktisch Weltmeer

האוקיינוס הארקטי

de Noordpol

הקוטב הצפוני

de Süüdpol

הקוטב הדרומי

de Antarktis

אנטארקטיקה

de Eerd

כדור הארץ

dat Land

אדמה

de See

ים

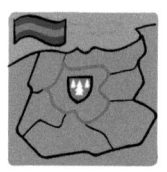

dat Eiland

אי

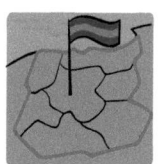

de Natschoon

לאום

de Staat

מדינה

dat Tallenblatt

פני השעון

de Stunnenwieser

מחוג השעות

de Minutenwieser

מחוג הדקות

de Sekunnenwieser

מחוג השניות

Wo laat is dat?

מה השעה?

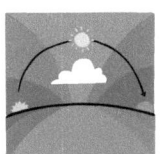

de Dag

יום

de Tiet

זמן

nu

עכשיו

de digetaalsch Klock

שעון דיגיטלי

de Minuut

דקה

de Stunn

שעה

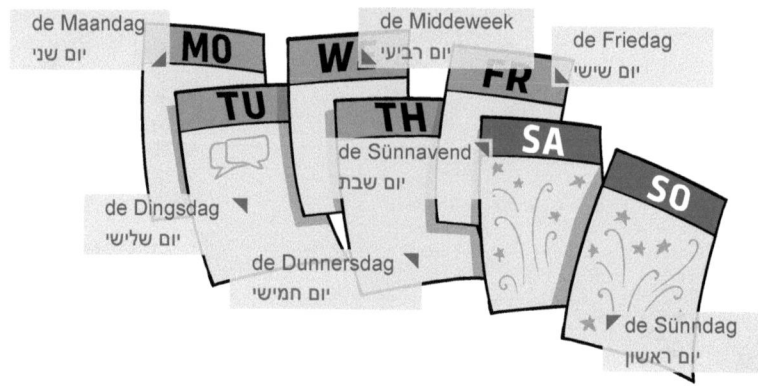

de Maandag / יום שני
de Middeweek / יום רביעי
de Friedag / יום שישי
de Dingsdag / יום שלישי
de Sünnavend / יום שבת
de Dunnersdag / יום חמישי
de Sünndag / יום ראשון

güstern
אתמול

hüüt
היום

morgen
מחר

de Morgen
בוקר

de Meddag
צהריים

de Avend
ערב

MO	TU	WE	TH	FR	SA	SU
1	2	3	4	5	6	7
8	9	10	11	12	13	14
15	16	17	18	19	20	21
22	23	24	25	26	27	28
29	30	31	1	2	3	4

de Arbeitsdaag
ימי עבודה

MO	TU	WE	TH	FR	SA	SU
1	2	3	4	5	6	7
8	9	10	11	12	13	14
15	16	17	18	19	20	21
22	23	24	25	26	27	28
29	30	31	1	2	3	4

dat Wekenenn
סוף שבוע

dat Johr
שנה

de Regen
גשם
de Regenbagen
קשת בענן
de Snee
שלג
de Wind
רוח
dat Fröhjohr
אביב
de Harvst
סתיו
de Sommer
קיץ
de Winter
חורף

4.APRIL 11°
5.APRIL 4°
6.APRIL 13°
7.APRIL 8°
8.APRIL 10°

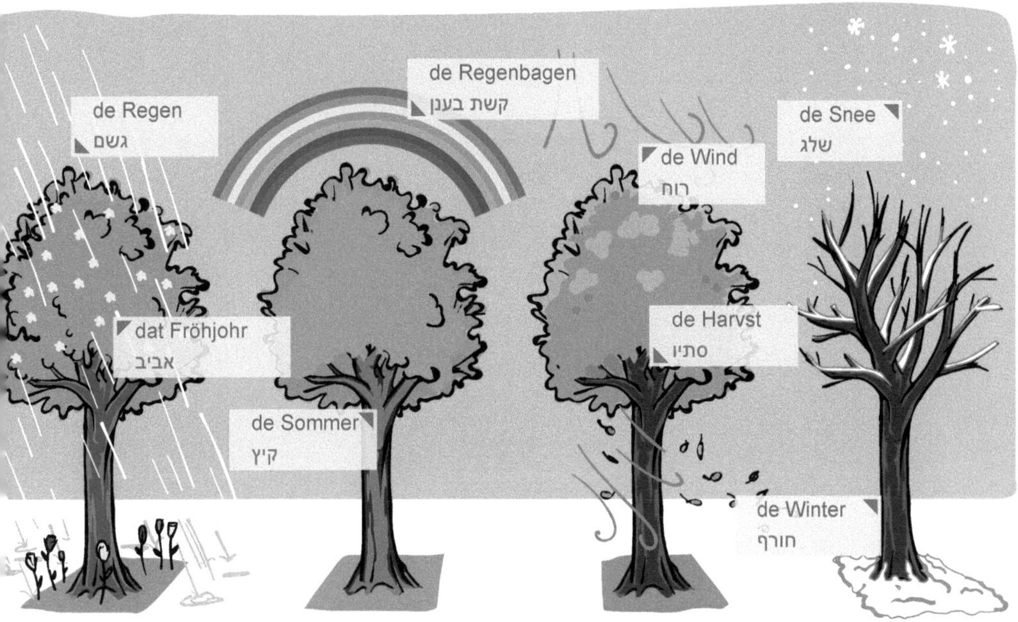

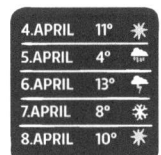

de Wedervörhersaag

תחזית מזג האוויר

F C
120 40
90 30
60 20
30 10
0 0
-30 -10
-20

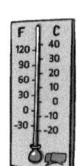

dat Thermometer

מד חום

de Sünnenschien

אור שמש

de Wulk

ענן

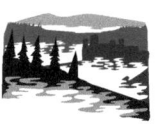

de Nevel

ערפל

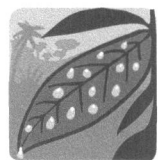

de Luftfuchtigkeit

לחות

de Blitz

ברק

de Dunner

רעם

de Storm

סערה

de Hagel

ברד

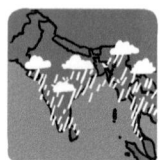

de Monsun

רוח עונתי

de Floot

שיטפון

dat Ies

קרח

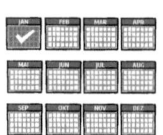

de Januormaand

ינואר

de Februormaand

פברואר

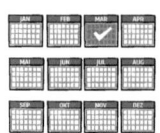

de Martmaand

מרץ

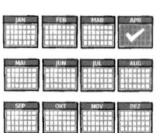

de Aprilmaand

אפריל

de Maimaand

מאי

de Junimaand

יוני

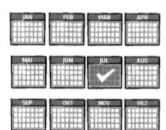

de Julimaand

יולי

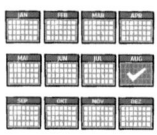

de Augustmaand

אוגוסט

de Septembermaand

ספטמבר

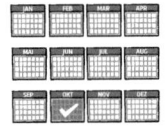

de Oktobermaand

אוקטובר

de Novembermaand

נובמבר

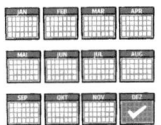

de Dezembermaand

דצמבר

de Formen

צורות

de Krink

עיגול

dat Quadrat

מרובע

dat Rechteck

מלבן

dat Dreeeck

משולש

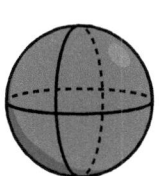

de Kugel

כדור

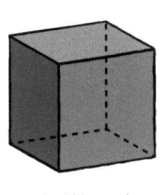

de Wörpel

קובייה

witt

לבן

geel

צהוב

orangsch

כתום

pink

ורוד

root

אדום

lila

סגול

blau

כחול

gröön

ירוק

bruun

חום

gries

אפור

swart

שחור

veel / wenig
הרבה / מעט

böös / verdreeglich
כועס / רגוע

smuck / mies
יפה / מכוער

de Begünn / dat Enn
התחלה / סוף

groot / lütt
גדול / קטן

hell / düüster
בהיר / כהה

de Broder / de Süster
אח / אחות

schier / schietig
נקי / מלוכלך

kumpleet / nich kumpleet
שלם / חלקי

de Dag / de Nacht
יום /לילה

doot / lebennig
מת / חי

breet / small
רחב / צר

geneetbor / nich geneetbor

אכיל / לא אכיל

böös / fründlich

רשע / טוב לב

fickerig / langwielt

מתרגש / משועמם

dick / dünn

שמן / רזה

toeerst / toletzt

ראשון / אחרון

de Fründ / de Fiend

חבר / אויב

vull / leddig

מלא / ריק

hart / week

קשה / רך

swoor / licht

כבד / קל

de Smacht / de Döst

רעב / צמא

krank / gesund

חולה / בריא

nich na't Recht / na't Recht

בלתי-חוקי / חוקי

klook / dummerhaftig

נבון / טיפש

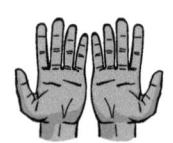

linkerhand / rechterhand

שמאל / ימין

neeg / feern

קרוב / רחוק

nieg / bruukt

חדש / משומש

nix / wat

כלום / משהו

oolt / jung

זקן / צעיר

an / ut

פעיל / כבוי

apen / slaten

פתוח / סגור

lies / luut

שקט / רועש

riek / arm

עשיר / עני

richtig / verkehrt

נכון / שגוי

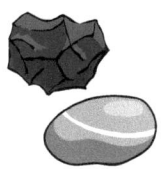

ruug / glatt

מחוספס / חלק

trurig / glücklich

עצוב / שמח

kort / lang

קצר / ארוך

suutje / flink

איטי / מהיר

natt / dröög

רטוב / יבש

warm / köhl

חם / קר

de Krieg / de Freden

מלחמה / שלום

0	**1**	**2**
null	een	twee
אפס	אחת	שתיים

3	**4**	**5**
dree	veer	fief
שלוש	ארבע	חמש

6	**7**	**8**
söss	söven	acht
שש	שבע	שמונה

9	**10**	**11**
negen	teihn	ölven
תשע	עשר	אחת-עשרה

12	**13**	**14**
twölf	dörteihn	veerteihn
שתים-עשרה	שלוש-עשרה	ארבע-עשרה

15	**16**	**17**
föffteihn	sössteihn	söventeihn
חמש-עשרה	שש-עשרה	שבע-עשרה

18	**19**	**20**
achtteihn	negenteihn	twintig
שמונה-עשרה	תשע-עשרה	עשרים

100	**1.000**	**1.000.000**
hunnert	dusend	million
מאה	אלף	מיליון

de Spraken

dat Engelsch

אנגלית

dat Amerikaansch Engelsch

אנגלית אמריקאית

dat Chineesch Mandarin

סינית מנדרינית

dat Hindi

הודית

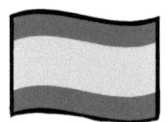

dat Spaansch

ספרדית

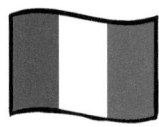

dat Franzöösch

צרפתית

dat Araabsch

ערבית

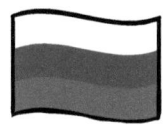

dat Rusch

רוסית

dat Portugiesch

פורטוגזית

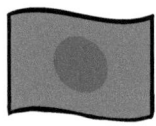

dat Bengaalsch

בנגלית

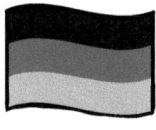

dat Düütsch

גרמנית

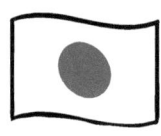

dat Japaansch

יפנית

ik

אני

du

אתה / את

he / se / dat

הוא / היא / זה

wi

אנחנו

ji

אתם

se

הם

keen?

מי?

wat?

מה?

woans?

איך?

woneem?

איפה?

wannehr?

מתי?

de Naam

שם

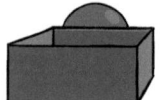

achter

מאחור

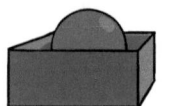

in

בתוך

vör

לפני

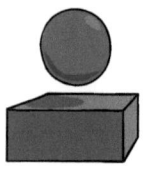

över

מעל

op

על

ünner

מתחת

blangen

ליד

twüschen

בין

de Oort

מקום